VERBORGENE Schönheit

Franken

zum Träumen und Schwelgen

Brigitta und Martin Siepmann

J. BERG

*Die Fischergasse
in Karlstadt,
Unterfranken*

FRANKEN ZUM TRÄUMEN UND SCHWELGEN

Es gibt Regionen, die Menschen leicht ins Schwelgen bringen. Franken ist so ein Land. Schon 1837 schwärmte der Dichter und Lyriker Karl Leberecht Immermann (1796–1840): »Franken ist wie ein Zauberschrank, immer neue Schubfächer tun sich auf und zeigen bunte, glänzende Kleinodien, und das hat kein Ende.«

Gut 20 Jahre später setzte der Dichter Joseph Victor von Scheffel (1826–1886) Franken ein Denkmal mit seinem Gedicht: »Wohlauf, die Luft geht frisch und rein ...«. Zwei Jahre später vertonte es Valentin Eduard Becker (1840–1890). Bald wurde das Lied überall geschmettert – und die inoffizielle Hymne Frankens.

Franken ist ein wunderbares Urlaubsland. Das gilt für Unterfranken, Mittelfranken und Oberfranken gleichermaßen. Die Möglichkeiten sind vielfältig. Die Frage stellt sich selten, wie man seine freien Tage füllen kann – sondern eher, was man notgedrungen auslassen muss. Kein Wunder, dass die Franken stolz auf ihre Heimat sind. Und allen Unkenrufen zum Trotz: Es ist ein Glücksfall für Bayern, dass Franken vor mehr als 200 Jahren bayerisch geworden – und trotzdem fränkisch geblieben ist.

Nicht jedem wird das Gleiche einfallen, was so besonders an Franken ist. Die einen denken an kulinarische Genüsse, zum Beispiel knuspriges Schäufela, Nürnberger Rostbratwürste oder Blaue Zipfel, Frankenwein oder das süffige Bier aus einer der vielen fränkischen Brauereien. Andere sehen vielleicht die großen Residenzstädte Ansbach, Aschaffenburg, Bamberg, Bayreuth, Coburg, Nürnberg und Würzburg vor sich, mit ihren Kunstschätzen, den Einkaufsmöglichkeiten, ihrem Kultur- und Unterhaltungsprogramm oder aber die vielen Dörfer und kleinen Städtchen mit Fachwerk und alter Bausubstanz. Für Freizeitsportler könnte es das Fränkische Seenland sein. Oft werden schöne Erinnerungen an die Wanderparadiese ins Bewusstsein treiben, wie etwa im Altmühltal, in der Fränkischen Schweiz, in der Rhön, im Spessart oder im Steigerwald. Oder an die offene Art der Franken – oder an ganz andere Dinge. Manchmal werfen dazwischen vielleicht auch dunkle Gedanken Schatten, an Wunden und Narben, an verlorene große und kleine Paradiese. Denn das gibt es natürlich auch in Franken.

Und dennoch: Wir denken an große und kleine Wunder. Franken ist vielfältig, aber ein Land der Wunder? Aber ja! Sie sind dort sogar besonders eng aneinander gepackt, oft direkt vor der Haustür – und die meisten auch noch kostenlos. Nur bringen es die Gewohnheit und die Reizüberflutung in unserer globalisierten und digitalisierten Welt mit sich, dass wir sie oft gar nicht mehr als solche wahrnehmen.

Wir wissen, wie sich das Licht bricht,
aber das Licht bleibt ein Wunder.
Wir wissen, wie die Pflanze wächst,
aber die Pflanze bleibt ein Wunder.
So ergeht es uns mit allen Dingen auf dieser Welt:
Wir besitzen viele Kenntnisse,
doch die Schöpfung bleibt ein Wunder.
Albert Schweitzer (1875–1965)

Ein wichtiger Hinweis zum Schluss: Gänzlich ohne Einsatz finden wir den Zugang zu einigen Wundern Frankens nicht. Wir zahlen zum Beispiel mit den Währungen Achtsamkeit, Neugier, Bewegung, unter Umständen mit ein paar Stunden weniger Schlaf, wenn wir schon zum Sonnenaufgang draußen sind. Belohnt werden wir mit Momenten der Ruhe, der Klarheit, des Staunens, des Glücks – und der Erkenntnis, dass Schönheit und Wunder auch in Franken nicht immer offensichtlich und niemals selbstverständlich sind. Allzu oft brauchen sie unsere Wahrnehmung, unsere Dankbarkeit und unseren Schutz.

GARTENTRÄUME

Schlösser sind oft von mehr oder weniger großen und vielfältigen Gartenanlagen umgeben. Der Schlosspark von Dennenlohe aber braucht selbst den Vergleich mit berühmten englischen Gärten nicht zu scheuen. In jedem seiner abwechslungsreichen und malerischen Winkel sieht man ihm die Liebe und Zuwendung an, die ihm der Schlossherr Baron von Süsskind fast täglich schenkt, sei es um zu planen, zu pflanzen oder zu gestalten. Der Rhododendronpark ist sogar als Botanischer Garten anerkannt. Überall gibt es etwas zu bestaunen und zu entdecken – und das rund ums Jahr. Diesen Garten ganz für sich alleine zu haben! Ein egoistischer Gedanke. Nun, mitnehmen dürfen wir ihn immerhin, auf Fotos und als Erinnerung – und wir können wiederkommen.

Im Schlosspark von Dennenlohe

Karpfenteich im Aischgrund

MORGENGABEN

Jeden Tag geht die Sonne auf. Aber selten werden wir Zeugen ihrer Vermählung mit der Erde: Sobald die Brautjungfer Morgenröte im Osten die ersten pastellfarbenen Vorboten über den Horizont haucht, hüllt sich die Braut in zarte Schleier aus Abermillionen Wassertröpfchen. Schließlich erscheint der feurige Bräutigam und überschüttet seine Braut mit Gold. Und er ist begierig, sie zu sehen. Die Erde lüftet zögernd ihre Schleier und erhält dafür als Morgengabe unzählige winzige, tropfenförmige Diamanten, aus denen Lichtblitze über die Ufer irrlichtern, in die winzige Miniaturlandschaften eingeschlossen sind und in denen Millionen Regenbögen funkeln. Gewiss ist: Die Erde ist nicht die einzige Sonnenbraut. Aber an solchen Tagen ist sie nicht nur im Aischgrund zum Schwelgen schön.

WEGMARKEN

Unverhofft am Wegesrand: Ein verwitterndes Sühnekreuz, gerahmt von bunten Wiesenblumen. Das Kreuz sagt uns: »Hier starb im Spätmittelalter ein Mensch, gewaltsam und unverschuldet. Betet für sein Seelenheil.« Die Blumen bezeugen: Dieser Mensch hat seinen Frieden längst gefunden. Und beides ruft uns zu: carpe diem! Nutze den Tag!

Sühnekreuz am Feldrand bei Oberreichenbach

Ruine der Heilig-Kreuz-Kapelle bei Pfofeld

ÜBERGÄNGE

Ein gotisches Portal, gemauert für die Ewigkeit: Es gehörte zu der Heilig-Kreuz-Kapelle, die das Bistum Eichstätt im späten 13. oder frühen 14. Jahrhundert errichten ließ. Die Kapelle diente wohl als Wallfahrtsort, verlor nach der Reformation an Bedeutung und wurde im Dreißigjährigen Krieg zerstört. Es steht nicht mehr viel, außer einer etwa drei Meter hohen Grundmauer. Und darin zeigt uns dieses fest gefügte Seitenportal einen kleinen Ausschnitt aus einer scheinbar weiten, lichten Landschaft jenseits der Mauer. Doch was erwartet uns wirklich auf der anderen Seite? Sind wir nicht doch sicherer auf unserer vertrauten Schattenseite? Oder wagen wir den Schritt ins Licht? Welch seltsame Gedanken vor einem Durchgang von Feld zu Feld. Vielleicht ist dies noch immer ein göttlicher Ort.

SEIN UND SCHEIN

Es ist noch gar nicht lange her, da stand hier alles Sommergrün im Saft. Noch hält mancher Baum und Strauch trotzig an der Farbe des Sommers fest. Über die meisten aber goss der Herbst schon seine Farben aus. Er wählt sie mit Bedacht, eine Schattierung für jede Art, und gibt ihnen damit, nach der Verschmelzung im sommerlichen Grün, ihre Individualität zurück. Ein Augenschmaus – und das gleich doppelt: nach oben strebende Bäume und Sträucher im Farbenrausch gegenüber und nach unten wachsende zu unseren Füßen. Auf jedem Bild sind sie gleich gefärbt und groß. Welche sind also wahr? Die an Land? Die auf dem Wasser? Oder unter Wasser? Oder unter Glas und Eis? Eines jedenfalls ist sicher: Das Bild ist zweifach zum Schwelgen schön.

Herbst am Igelsbachsee bei Absberg

Sonnenaufgang an der Katharinenkapelle auf dem Kapellbuck bei Hechlingen

GUTER ORT

Es ist nicht weit von Hechlingen am Hahnenkammsee hinauf auf den Kapellbuck. Oben locken die Aussicht auf die Hügel des Hahnenkamms und die Ruine der Katharinenkapelle aus der ersten Hälfte des 15. Jahrhunderts. Ob auch unsere vorchristlichen Vorfahren auf dem uralten Kapellbuck schon die Nähe zum Göttlichen gesucht haben? Gut vorstellbar. Für uns ist er dafür jedenfalls ein guter Ort, vor allem frühmorgens, an den 500 Jahre alten Mauerresten der Katharinenkapelle: über uns der freie Himmel, im Ohr nur Vogelzwitschern und den Wind. Und auf einmal erscheint im Ostfenster, gleich einem Götterfunken, der feurige Stern der Morgensonne.

WACHSEN LASSEN

»Steinerne Rinne« steht auf dem Wegweiser am Wanderparkplatz. Was daran wohl so besonders ist? Wenig später entdecken wir ein Wasserspiel, dessen Harmonie und Ausstrahlung uns ehrfürchtig staunen lassen: ein gut kniehoher Damm – dem Klopftest nach aus Stein – mit weichem Moos verputzt, da und dort winzige Terrassenfelder, in denen Baumkinder ihr Glück versuchen, und auf dem Damm, murmelnd und glucksend, ein silberheller Wasserlauf. Woher kommt dieses Kunstwerk mitten im Wald? Der Bach selbst war und ist der Baumeister und das Material lieferten ihm die geologischen Besonderheiten am Südrand der Fränkischen Alb. Es braucht eine undurchlässige Tonschicht in einer Karstlandschaft, viel Quellkalk im Wasser, der mit Sauerstoff zum Kalktuff wird – unsere Achtung und sehr viel Zeit.

Steinerne Rinne bei Wolfsbronn am Hahnenkamm

Morgenlicht über dem Altmühlsee bei Muhr am See

WASSERWELTEN

Der Altmühlsee ist ein bekanntes Freizeitparadies. Zusammen mit dem Brombachsee und Rothsee gehört er zum Fränkischen Seenland. Keines dieser Gewässer ist natürlich. Auch der Altmühlsee wird von einem Ringdamm eingefasst, aber man sieht es ihm nur noch selten an. Das ist einer der Gründe, warum er bei Ausflüglern und Freizeitsportlern so beliebt ist. Doch nicht nur sie kommen am Altmühlsee auf ihre Kosten. Es gibt hier viele stille und geschützte Uferzonen, in denen sich die Natur frei ausbreiten darf – oder wir in Ruhe unsere Sicht auf den neuen Tag klären und noch ein wenig in den Morgen hineinträumen können.

UMWIDMUNG

Franken ist ein Land der Burgen, immer noch, obwohl viele davon abgetragen oder nur noch Ruinen sind. Bis 1803 dienten sie meist als Herrschaftssitze kleiner Territorien, die das Land als Flickenteppich überzogen. Eigenartig, dass wir diese wuchtigen Zeugen einstiger Machtansprüche heute romantisch finden. Mit ein Grund dafür mag sein, dass in der Regel Baumkronen den Eindruck kantiger Wehrmauern abrunden und Burgen oft wunderbare – und heute meist zugängliche – Aussichtspunkte sind. Denn in den alten Mauern residieren oft Hotelgäste, historische Exponate oder Kunst. So bildet zum Beispiel die Sammlung zeitgenössischer Kunst von Ernst Steinacker in und um den früheren Stammsitz der Grafen Oettingen-Spielberg eine beeindruckende Synthese aus Burgenromantik, Natur und Kunst.

Schloss Spielberg auf dem Hahnenkamm

Gustav-Adolf-Höhle an der Schwarzach

IM FLUSS

Schwarzach, das klingt wild, zornig, ungestüm. Das muss sie auch gewesen sein, die Schwarzach. Wie hätte sie sonst diese abenteuerliche Schlucht bei Schwarzbruck auswaschen können, mit ihren wuchtigen Felswänden, deren Fassaden abwechselnd bizarre oder weich geschwungene Steinmetzarbeiten zieren, darunter bauchig ausgewaschene Uferhöhlen. An den Steilhängen gigantische Felsbrocken, die sich kreuz und quer einspreizen, und darauf wurzeln krumme, alte Bäume um ihr Überleben. Die Schwarzach hatte Jahrmillionen Zeit, um dieses wildromantische Naturwunder zu gestalten. Sie arbeitet bis heute an ihrem Lebenswerk. Denn es gibt durchaus Tage, da erinnert die Schwarzach sich – und uns – an ihre wilden Zeiten.

RUHEINSEL

Uns Menschen zieht es ans Wasser. Welch ein Gewinn an Lebensqualität also für eine große Stadt, wenn ein schöner Fluss sie durchquert. Die Nürnberger haben dieses Glück – und wissen es zu nutzen und zu schätzen. Wirkt das gemächlich dahintreibende Wasser der Pegnitz selbst schon wie ein Ruhepol, gibt es mitten in der Stadt als Dreingabe noch dieses malerische Bauminselchen dazu: ein Blickfang in Grün, der gestressten Großstadtaugen willkommene Entspannung bietet, bevor sie sich, neu gestärkt, wieder den zahlreichen Facetten ihrer quirligen Umgebung zuwenden.

Inselchen in der Pegnitz im Nürnberger Stadtgebiet

Graugänse auf dem Altmühlsee bei Muhr am See im Sonnenaufgang

SCHUTZRÄUME

Der nördliche Teil des Altmühlsees gehört den Vögeln und anderen am und im Wasser lebenden Tieren. Allein über 300 verschiedene Vogelarten sollen hier leben, brüten oder auf ihrem Vogelzug rasten. Herzstück ist die Vogelinsel. Sie steht über einen Lehrpfad teilweise auch Besuchern offen. Der Beobachtungsturm auf der Insel gewährt einen faszinierenden Ausblick auf das Schutzgebiet und seine nicht minder beeindruckenden Bewohner, vor allem frühmorgens, wenn noch kaum jemand unterwegs ist außer Vogelbeobachter und hungrige Wasservögel auf ihrem Weg zum Frühstück. Auf der einen Seite bedeckt dichter Bewuchs die Vogelinsel, nur da und dort funkeln darin dicht bedrängte Wasseraugen. Auf der anderen Seite öffnet sich der Blick auf den See und die noch taugetränkten Halbinseln und Ufer.

SEELENORTE

Von Zeit zu Zeit müssen wir eine Pause einlegen und warten, bis unsere Seele uns wieder eingeholt hat.
(Indianisches Sprichwort)

An diesem Platz – und geborgen in einer weichen Decke aus Abendgold – brauchen wir uns nicht gedulden: Unsere Seele wartet bereits auf uns. Und dazu ein traumhafter Blick hinab ins Altmühltal. Es ist nicht der einzige dieser Zauberorte, aber ein ganz besonderer: Er liegt über der mächtig aufragenden Felsengruppe der »Zwölf Apostel«, einem der landschaftlichen Höhepunkte im Altmühltal.

Kiefern auf den »Zwölf Aposteln« im Altmühltal

Blick von Schloss Spielberg auf dem Hahnenkamm zum Hesselberg

ZEITREISE

Ein Sommertag neigt sich dem Ende zu. Der Wind rauscht in den Blättern. Wir schauen über die stille Landschaft der Fränkischen Alb mit ihrer Patchworkdecke in den Farben von Wiesen und Feldfrüchten. Dazwischen drängeln sich dunkel langgezogene Waldinseln. Der spitze Kirchturm zeigt: Da liegt ein Dorf. Und dahinter, als höchste Bodenwelle Mittelfrankens, der Hesselberg. Bald werden diese Konturen mehr und mehr verdämmern und Spielraum lassen für Fantasie und Traum. Sind es wirklich Blätter, die rauschen? Dort unten Bäume, Felder in der Weite? Oder ist es das flache Jurameer, das an den Jurafelsen schwappt, der viel später einmal Schloss Spielberg tragen wird?

WEINLAND

Weinberge, Weinfeste, Weingüter: Bekannter, als für seine Köstlichkeiten aus dem Braukessel ist Franken für seinen Wein. Das gilt vor allem für Unterfranken. Das ist ein Glücksfall, denn Weinberge sind meist Wirtschaftsgut, Kulturgut und schmückendes Landschaftselement in einem. Reihe an Reihe wachsen hier knorrige Weinstöcke mit verschiedenen Rebsorten aus den Tallagen der Sonne entgegen, manche davon in so steilen Lagen, dass sich die Frage aufdrängt, wie um alles in der Welt hier die Stöcke noch gepflegt und die Reben geerntet werden können. Und was an Energie und Sonnenfeuer bis zur Lese nicht in die Reben gelangte, entflammt das Laub der Weinstöcke im Herbst zu einem Farbenrausch aus Rot und Gold.

Herbstlicher Weinberg auf der Theilheimer Mainleite bei Waigolshausen

Basaltbrücke über der Els bei Oberelsbach in der Rhön

ZEITBRÜCKEN

Eine der wunderbaren Wanderungen in der Rhön führt über diese moosgrün eingewachsene Steinbrücke. Sie überspannt die Els, die auf der Südseite des Heidelsteins in der fränkischen Rhön entspringt. Verlockend, beim Queren hinab ins Wasser, nach vorne oder in die Baumkronen zu staunen. Doch auch die Brücke selbst lohnt, sich dafür Zeit zu nehmen. Denn sie erzählt uns Rhöngeschichte: die Höhe der Bögen etwa, dass die Els nicht immer so ein friedliches Gewässer war und ist, früher vielleicht sogar – aufgestaut – Holzstämme oder Mühlen trieb. Ihr Baustoff aber ist Basalt, geschmiedet aus flüssigem Magma, im Erdinneren zu wabenförmigen Säulen erstarrt. Der Zahn der Zeit nagte sie aus den Sedimentschichten der Hügelkuppen, als Zeugen, dass große Teile der Rhön vulkanischen Ursprungs sind.

LUSTWANDELN

Die ehemals fürstbischöfliche Residenz in Würzburg zählt zu den schönsten barocken Schlossanlagen in Europa. Schließlich verpflichtete im 18. Jahrhundert Fürstbischof Johann Philipp Franz von Schönborn dafür neben dem jungen Balthasar Neumann nur Meister ihres Faches, darunter den Hofgärtner Johann Prokop Mayer. Er gestaltete den weitläufigen Residenzgarten im Stil des Rokoko, mit Formschnitt, üppigen Blumenrabatten und mancher Überraschung. Sogar der lüsterne Pan versteckt sich im Südgarten des Fürstbischofs unter einem Eibenkegel. Zwar scheint hier der griechische Gott des Waldes und der Natur recht kindlich versunken in sein Flötenspiel. Der Sage nach entstand jedoch sein Instrument aus dem Schilfrohr, in das sich die Nymphe Syrinx verwandeln ließ, um nur knapp seiner Wollust zu entkommen.

Flöte spielender
Pan im Südgarten
der Würzburger
Residenz

Morgenstimmung bei Rödelmaier in der Rhön

MORGENGRUSS

Dort, sieh, am Horizont lüpft sich der
Vorhang schon.
Es träumt der Tag, nun sei die Nacht
entflohn;
Die Purpurlippe, die geschlossen lag,
Haucht, halbgeöffnet, süße Atemzüge:
Auf einmal blitzt das Aug, und wie
ein Gott, der Tag
Beginnt im Sprung die königlichen
Flüge!
(Eduard Mörike)

Welchen Sonnenaufgang hatte der deutsche Lyriker Eduard Mörike (1804–1875) wohl vor Augen, als er diese Hymne an den Morgen schuf? Es könnte dieser in der Rhön gewesen sein.

VERÄNDERUNGEN

Dieser majestätische Stammkreis einer Winterlinde wächst auf dem Burgberg von Castell. Die Rundbank um diese vielstämmige Linde lädt zur schattigen und geselligen Rast. Um die 800 Jahre soll diese Winterlinde alt sein. Wer mag schon alles unter ihrer ausladenden Krone gesessen haben? Doch wurde sie seinerzeit nicht zur Rast gepflanzt: Unter dieser Linde hielt man im Mittelalter das Dorfgericht oder sogenannte Thing ab. Vollstreckt wurde am gegenüber liegenden Hügel. Könnte die Linde aus ihrem Leben erzählen, hätte sie sicherlich Dramatisches und Verstörendes zu berichten. Aber auch viel von tagträumenden, lachenden, nachdenklichen, hungrigen, verliebten, schwatzenden und singenden Gästen – in und unter ihrer Krone.

Linden am Schlossberg bei Castell

Herbstliche Espe und Birke am Ellertshäuser See

NATUR AM STAU

Still ruht der Ellertshäuser See – am frühen Morgen. Im Lauf des Tages werden auch um diese Jahreszeit viele Besucher kommen, denn er gilt als beliebtes Naherholungsgebiet – und das aus gutem Grund. Zwar ist der Ellertshäuser See, wie so viele fränkische Seen, kein natürlicher See, sondern von Menschenhand aufgestaut. Aber Wasser und Land nutzten auch hier die Zeit, um das Beste aus dem unvorhergesehenen Aufeinandertreffen zu machen. So wird der See fast vollständig von Wald gesäumt und wirkt trotz Rundweg und Freizeiteinrichtungen weitgehend naturbelassen.

SCHWARZES MOOR

O, schaurig ists, übers Moor zu gehn,
Wenn es wimmelt vom Heiderauche,
Sich wie Phantome die Dünste drehn
Und die Ranke häkelt am Strauche,
Unter jedem Tritte ein Quellchen springt,
Wenn aus der Spalte es zischt und singt –
O, schaurig ists, übers Moor zu gehn,
Wenn das Röhricht knistert im Hauche!
(Annette von Droste Hülshoff – Der Knabe im Moor)

Heute durchqueren Besucher das Schwarze Moor auf einem Bohlensteg und wissen das beim Blick vom Aussichtsturm auf seine nasse, trügerisch-feste Oberfläche zu schätzen. Das herbschöne Kleinod ist Teil der Kernzone im UNESCO-Biosphärenreservat Rhön. Informationen bieten Tafeln oder Führungen. Im Winter aber bleiben Moorbewohner und Moorgeister unter sich.

Blick vom Aussichtsturm auf das Schwarze Moor in der Langen Rhön

Winterlicher Wald am Kreuzberg in der Rhön

DAS WESENTLICHE

Der Herbst schafft seine Kunstwerke in barocker Farb- und Formenfülle. Der Winter ist der Minimalist unter den Jahreszeiten. Er beschränkt sich auf die Werkzeuge Schnee und Frost. Das genügt ihm, um das Wesentliche an seinen Motiven herauszuarbeiten oder Störendes zu verdecken. Das Ergebnis sind Kunstwerke von kühler Schönheit, Klarheit und Eleganz, wie in diesem Buchenwald: Etwas Schnee auf eine Seite der himmelwärts strebenden Buchenstämme geblasen, um ihren sanften Schwung zu betonen, das Filigran am Astwerk weiß hervorgehoben und auch über dem unruhigen Boden ein Flockenteppich aus dichtem Weiß. Nur der Baumnachwuchs ragt trotzig heraus. Seit vielen Jahrzehnten hält er sich schon bereit, um endlich selbst ein großer Baum zu werden. Das aber wird nur einem pro Mutterbaum gelingen.

DIE SOLITÄRIN

Seit Jahrhunderten trotzt diese einsame Buche dem rauen Klima der Hohen Rhön. Sie hat dort eine weit verzweigte Verwandtschaft aus schrulligen Buchensolitären. Was mag sie veranlasst haben, ihren Stamm immer wieder zu verstärken und zu wenden, statt mit elegant grau-glattem Stamm hoch zu wachsen wie ihre Schwestern in den Wäldern? Lag vielleicht einmal ein Felsen in der Wölbung? War es der Wind, der hier so oft pfeift? Oder waren es die hungrigen Mäuler von Rhönschafen und anderen Pflanzenfressern? Träge liegen wir im Gras, blinzeln in das noch lückenhafte Frühlingslaub und lassen die Gedanken ziehen: Wie ist das im Leben mit dem Verwurzeln, Widerstehen und Nachgeben? Was ist das richtige Maß, damit trotz der Narben, die das Leben schlägt, immer wieder frisches Grün austreiben kann?

Buche am Himmeldunkberg in der Hohen Rhön

*Die drei Golgota-
Kreuze auf dem
Kreuzberg im
Sonnenuntergang*

EINKEHR

Einsam ist es selten auf dem Kreuzberg. Um die 600.000 Besucher verzeichnet der dritthöchste Berg der Rhön im Jahr. Das liegt sowohl an der fantastischen Aussicht von dort oben als auch an dem Franziskanerkloster, das knapp unterhalb an der Westflanke liegt, oder genauer gesagt an dem Klosterbiergarten, der mit munterem Stimmengewirr, süffigem Selbstgebrautem und dem unwiderstehlichen Duft deftiger fränkischer Köstlichkeiten zur Einkehr lädt.
Die Kreuzigungsgruppe auf dem Kreuzberg zählt zu den bekanntesten Fotomotiven der Rhön, markiert jedoch nicht seinen höchsten Punkt. Das tut ein schlichtes Gipfelkreuz. An der Golgota-Gruppe endet aber der Kreuzweg, der vom Kloster auf den Gipfel führt – und am Horizont der Weg der Sonne, bevor sie am nächsten Morgen im Osten neu geboren wird.

FLUSSBRAUT

Die Fränkische Saale mündet nach Gemünden in den Main. Sie ist eine stattliche und selbstbewusste Flussbraut und hat es nicht eilig, ihre Identität und Freiheit aufzugeben. Sehr gemächlich lässt sich die Saale dem großen Ereignis entgegentreiben und spiegelt sich ausgiebig durch ihre eigenen Ufer, bevor sie sich mit dem Main vermählt.

Fränkische Saale bei Gemünden im Morgenlicht

Morgenstimmung auf der Platzer Kuppe in den Schwarzen Bergen

FERNWEH

Die Rhön ist eine Landschaft für Individualisten und Genießer. »Land der offenen Fernen« wird sie touristisch blumig beworben. Doch wer sich auf die Rhön einlässt, wird erstaunt feststellen: Genau so ist sie – und noch vieles mehr. Einmal dort mit dem Rad oder zu Fuß unterwegs und diese einzigartige Mischung aus Natur- und Kulturlandschaft mit ihren weiten Hochebenen und Kuppen, die mit etwas Glück vielleicht gerade eine Herde schwarzköpfiger Rhönschafe mäht, mit ihren Baumsolitären, freundlichen Buchenwäldern und dunklen Nadelforsten, mit klaren Bächen und kargen Mooren schleicht sich für immer ein ins Herz.

WER WEISS?

Nixenteich heißt dieses verwunschene Wasserbecken, in das sich der Oberelsbach schäumend durch Wurzelwerk und über grobe Basaltbrocken stürzt. Fast scheint es, als könnten die Bäume am Wasserfall und um das Wasserbecken nicht genug bekommen von dem frischen Nass, so sehr bedrängen sie seine Ufer. Besonders mystisch mutet dieser Ort an, wenn es dunkelt, die Wolken tief hängen oder gar Nebelschwaden durch den Wald ziehen. Dann lauern sie tief in unserem Erbe, die vielen Sagengestalten der Rhön, denen Ludwig Bechstein 1842 mit seiner Sammlung »Sagenbuch des Rhöngebirges« ein Denkmal setzte: Riesen, Hexen, Teufel, Räuber, Moorjungfern – und vielleicht auch eine Nixe. Wer weiß?

Nixenteich in der Langen Rhön

Feldkreuz bei Rödelmaier in der Rhön

ATEM HOLEN

Was man zum Atemholen braucht? Zum Beispiel ein sanftes Abend- oder Morgenlicht. Die Aussicht über eine stille, offene Landschaft, damit sich die Gedanken klären und Blick und Brust sich weiten können. Eine Bank, damit Herz und Kreislauf zur Ruhe kommen. Ein Feldkreuz zur Erinnerung, dass es nicht selbstverständlich ist, an so einem friedlichen Ort sein zu dürfen. Und jeden Augenblick bewusst in vollen Zügen zu genießen.

AM MAIN

Die Morgensonne strahlt und lockt. Doch noch will der Main unter seiner herbstlich-seidigen Morgendunstdecke ein wenig dösen. Schließlich trägt er neben seinen Wassermassen und deren Bewohnern auch seine historische, geografische, kulturelle, wirtschaftliche und touristische Bedeutung in weiten Schwüngen durch die Mitte Deutschlands. Sobald ihm die Sonne seine Decke entreißt, wird er sich hier als Gestalter und Bestandteil einer der schönsten Landschaften in Franken offenbaren: Der Volkacher Mainschleife und ihrer Umgebung. Gesäumt von seinen renaturierten Flussauen trägt der Main Passagiere der Fränkischen Personenschifffahrt und anderer schwimmender Transportmittel an malerischen Städtchen, der Vogelsburg und fruchtbaren Weinbergen bis zur Schleusenanlage in Wipfeld und zurück.

*Weide am Main-
Ufer bei Wipfeld
im Morgennebel*

Weinberg Kalbenstein bei Gambach über dem Main am frühen Morgen

MAIN WEIN

Reisen mit allen Sinnen: Das bietet das Maintal zwischen Volkach und Karlstadt. Es zählt zu den schönsten der an Höhepunkten reichen Landschaften Frankens. Glücklich, wer Zeit hat, um auf das Rad umzusteigen – oder sich die abwechslungsreiche Kulturlandschaft im Farbenspiel verschiedener Tageszeiten zu Fuß zu erwandern: Steile Muschelkalkfelsen, artenreiche Trockenwiesen und Weinberge auf der einen, Feldermosaik und Obstwiesen auf der anderen Seite des Mains. Dazwischen laden historische Dörfer und Städtchen zu kulturellen und kulinarischen Exkursionen oder einfach zur Rast. Die Stadt Würzburg bietet Sehenswertes für mehrere Tage. Den krönenden Abschluss bildet der Weinberg Kalbenstein nahe Karlstadt, auf dem seit mindestens 1.300 Jahren in intensiver Handarbeit Wein angebaut wird.

ZAUBERWALD

Kaum jemand kann sich dem Zauber von Buchenwäldern entziehen. Und wenn sie dürfte, wie sie könnte, wäre die Buche die Königin unserer Mittelgebirgswälder. Sie zeigt sich ja auch wahrhaft königlich. Ihr aufrechter Stamm im klassisch grauen, glatten Rock verzweigt sich zu einer dichten Laubkrone, die sich vom Frühling bis in den Herbst von samtig zartgrün über sommergrün und golden so dicht über uns ausbreitet, dass sie Sonnenstrahlen nur gedämpft zum Boden vordringen lässt. Doch Wälder sind schon lange kein unberührter Naturraum mehr, sondern meist Wirtschaftsbetriebe, bei denen schnelles Wachstum und Ertrag vor Schönheit gehen. Aber in Franken gibt es sie noch, die reinen Buchenzauberwälder, zum Beispiel in der Rhön, im Spessart und im Steigerwald.

Buchenwald am Bauersberg in der Rhön

Jüdischer Friedhof in Hagenbach bei Pretzfeld mit Kirschblüten

WAS BLEIBT

Auf fränkischem Gebiet befinden sich etwa zwei Drittel aller jüdischen Friedhöfe in Bayern, darunter dieser auf dem Judenberg bei Pretzfeld. »Friedhof« bedeutet auf Hebräisch »Haus der Ewigkeit« oder »Guter Ort«. Dieser stammt aus der ersten Hälfte des 17. Jahrhunderts. Viele Grabsteine wurden seither zerstört, zweckentfremdet, verwitterten oder wuchsen ein. Etliche der Steine hatten zwischenzeitlich sogar als Baumaterial Verwendung gefunden, kehrten aber wieder in ihr »Haus der Ewigkeit« zurück.

Die Kirschblüte symbolisiert in Japan Schönheit, Aufbruch und Vergänglichkeit. Gibt es also passendere Begleiter für diesen Ort des Aufbruchs aus dem Diesseits in ein ewiges Leben als Kirschbäume in voller Blüte? Und für uns, um über Unrecht und Versöhnung nachzudenken?

HERBST-
GEDANKEN

Mit den fallenden Blättern zahlt der Baum seine Anleihe an die Erde zurück.
(Rolf Edberg)

Bis spät im Herbst zögert der Laubvorhang an der Hangkante des Röthelfels, ob er es wirklich zulassen soll, dass unser Blick von dort oben fast ohne Halt etwa 200 Meter ins Tal hinunter stürzt. Noch schimmert das Laub grün-golden. Schon bald wird es der Herbst rotbraun überstreichen, bevor es schließlich, müde und milchschokoladenbraun, endgültig zu Boden fällt. Jedes Jahr sind auch wir hin- und hergerissen zwischen dem Wunsch, dieses Laubkunstwerk im Wechselspiel von Licht und Farben möglichst lange zu genießen – oder aber den licht gewordenen Ausblick und die dicke Blätterschicht auf dem Boden, die bei jedem unserer Schritte herrlich raschelt, knistert, wispert.

Morgenlicht im Buchenwald am Röthelfels, Fränkische Schweiz

Blick vom Staffelberg über Bad Staffelstein am Main im Abendlicht

BESTE AUSSICHT

»Zum heil'gen Veit von Staffelstein
komm' ich emporgestiegen;
und seh' die Lande um den Main zu
meinen Füßen liegen.
Von Bamberg bis zum Grabfeldgau
umrahmen Berg und Hügel
die breite, stromdurchglänzte Au –
ich wollt', mir wüchsen Flügel.«

So heißt es in dem Gedicht »Wohlauf, die Luft geht frisch und rein« von Victor von Scheffel. 1870 vertonte es Valentin Becker. Seither gilt es als Frankenhymne.

Bis zu 260 Höhenmeter ragt der Staffelberg aus der Landschaft am Obermain. Einst flutete ihn das Jurameer, heute an schönen Wochenenden fluten ihn Wellen von Ausflüglern. Trotzdem ist er ein Zauberort geblieben, vor allem frühmorgens – oder abends, wenn die Luft frisch und rein geht, der alte Main müde die letzten Sonnenstrahlen abwehrt und die Landschaft zögernd ihr Nachtgewand überstreift.

ZEITLOS

Blühende Obstbäume und Fachwerk. Das sind Komponenten, die uns, jede für sich, immer von Neuem begeistern können. Im Frühling aber entführen sie uns in allen Teilen Frankens sogar oft gleichzeitig zum Schwelgen und Träumen. Wir genießen den Blütenschaum eines Birnbaums vor rot-weißer Fachwerkfassade und fragen uns, woran es wohl liegt, dass so viele Menschen Fachwerkhäuser gern betrachten. Fest steht: Hier verbinden sich ästhetisch und oft sehr kunstvoll die Baustoffe Mauerwerk und Holz. Und ob alt oder neu gebaut: Die Häuser wirken heimelig und beständig. Vielleicht sind es auch die Jahrhunderte an Haus- und Lebensgeschichten, die uns beim Betrachten historischer Fachwerkhäuser intuitiv anwehen. Auffällig oft ist Fachwerk jedenfalls Bestandteil von Orten, die wir romantisch finden.

Blühender Birnbaum vor einem Fachwerkhaus in Hetzles, Fränkische Schweiz

Winter in der Oswaldhöhle bei Muggendorf im Wiesenttal

FABELWESEN

Einst soll in der Oswaldhöhle ein Einsiedler namens Oswald gehaust haben. Historisch belegt ist das nicht, wohl aber, dass die Einwohner des nahen Muggendorf dort im Dreißigjährigen Krieg vor den Schweden Schutz suchten. Wie eine Kuppel spannt sich die Oswaldhöhle hinter dem Eingang über ihre neugierigen Besucher. Und schon seit unzähligen Jahrtausenden feilt die Architektin Natur an ihrem Gewölbe. Für eine ganz besondere Innenausstattung braucht es dagegen oft nur wenige Tage: Kommt Väterchen Frost zu einem längeren Besuch in die Fränkische Schweiz, wachsen schnell spitze Eiszapfen aus der Höhlendecke, aus dem Boden aber sein vergänglicher Hofstaat aus schlanken, sanft gerundeten Säulen in elegant weiß schimmerndem Eis.

KURSCHATTEN

Kurparks sind in der Regel keine verborgenen Schönheiten, sondern recht öffentliche Inseln zum Flanieren und Entspannen. Frühmorgens aber gehört der Kurpark von Bad Berneck den ersten Besuchern noch fast allein, mit freier Auswahl, von welcher der zahlreichen Sitzgelegenheiten sie die verschiedenen Perspektiven des Parks auf sich wirken lassen wollen. Die schönsten Plätze sind dort, wo zuerst die Sonne hinkommt, zum Beispiel vor den neuen Kolonaden. Sind da hinten im Schatten nicht gerade zwei Herren in dunklen Gehröcken und mit Zylindern in ein ernstes Gespräch vertieft? Oder grüßen sich an dem blühenden Busch etwa gerade zwei elegant gekleidete Damen mit zierlichen Schirmen und aufgebauschten Röcken? Oder täuscht uns das Spiel von Licht und Schatten?

Neue Kolonade im Kurpark von Bad Berneck im Fichtelgebirge

Felsenlabyrinth »Druidenhain« bei Wohlmannsgesees in der Fränkischen Schweiz

HAIN AUS STEIN

Mitten im Wald liegen, kreuz und quer oder geometrisch aufgeschichtet, gewaltige Felsbrocken. Manche tragen einen Überzug aus Moos, andere hohe Fichten auf schlanken Füßen, die sich mit schlangenähnlichen Wurzelzehen in kleinste Unebenheiten krallen.

Magische Kräfte sollen hier walten. Das steht für viele Besucher felsenfest. Es soll sich um eine alte Kultstätte der Kelten handeln, glauben andere unverbrüchlich. Dann gibt es die Stimmen der Geologen: Das Felsenlabyrinth bei Wohlmannsgesees sei, wie so viele Felsformationen in Franken, aus einem eingestürzten Höhlensystem entstanden. Den Namen »Druidenhain« habe es erst um die Jahrhundertwende erhalten.

Mag sein. Doch ohne Zweifel ist der »Druidenhain« ein Ort, der Demut vor den Naturgewalten vermittelt, tiefe Ruhe und Kraft.

IM RAHMEN

Viele Städte können in Franken mit prächtigen alten Rathäusern punkten. Eines der originellsten jedoch steht in Bamberg. Dieses Attribut verdankt es seinem Standort mitten in der Pegnitz und ganz maßgeblich auch dem bescheidensten seiner Bauteile: An seiner Seite klebt auf dem Eisbrecher der Oberen Brücke keck ein mit Fachwerk geschmücktes Rottmeisterhäuschen aus dem 17. Jahrhundert. Sobald es dämmert, wird das berühmte Bamberger Bauensemble vom Pegnitzufer aus angestrahlt. Und auf einmal leuchtet das Sommerlaub der Uferbäume überraschend herbstgolden auf, um ausgerechnet den Teil des Alten Bamberger Rathauses barock zu rahmen, der im Grunde genommen aus dem Rahmen fällt.

Altes Rathaus in Bamberg

Quackenschloss bei Muggendorf, Fränkische Schweiz

METAMORPHOSE

Darum ist die Natur so groß,
weil sie vergessen hat, dass sie Chaos war;
und doch kann es ihr auch wieder einfallen,
wenn es sein muss.
(Søren Kierkegaard)

Die Fränkische Schweiz ist ein Land der Höhlen, die meisten davon umrankt von Märchen und Mythen. Wie aber kam Franken wirklich zu seinen Höhlen?

Vor etwa 140 Millionen Jahren überspülte das flache Jurameer die Fränkische Schweiz. Am Meeresgrund wuchsen Sedimente Schicht um Schicht. Als das Meer austrocknete, versteinerten diese Ablagerungen. Und nachdem gewaltige tektonische Kräfte das Sedimentgestein zur Oberfläche gehoben hatten, begannen der Zahn der Zeit, Wind und Wasser daran zu nagen. Manches hielt stand, vieles wurde abgetragen, ausgehöhlt oder stürzte ein.

So entstand auch das kühn geschwungene Hauptportal der Galeriehöhle Quackenschloss.

SCHUTZWÄLLE

Wie mag es gewesen sein, als die Herren von Wolfsberg im Hochmittelalter hier von ihrer Oberburg aus ins Trubachtal und auf seine Umgebung blickten? Sie waren damals nicht die Einzigen, welche die strategisch günstige und geschützte Lage auf den Felswällen entlang des Tals zu schätzen wussten. Ihr Adelssitz ist längst zur Ruine abgetragen. Aber noch immer öffnet sich von dort ein weiter Blick über das unspektakulär schöne Trubachtal. Das ist das Besondere an der Fränkischen Schweiz: Wer will, plant anspruchsvolle Wanderungen oder Klettertouren. Aber es bieten sich auch zahlreiche Möglichkeiten, schnell aus den Niederungen des Alltags nach oben zu entfliehen, um mit Blick über diese harmonische Landschaft zur Ruhe zu kommen und die Gedanken wie Federn am Himmel davontreiben zu lassen.

Blick von der Burgruine Wolfsberg über das Trubachtal, Fränkische Schweiz

Eis an der Aufseß in Doos im Wiesenttal

WINTER

Hoffen - auf mehr Farben, Wärme
und Licht
Suchen - Urlaub unter www.natur-
wunder.de
Abschalten - für einen Spaziergang
an der Aufseß
Finden - ein Winterwasserwunder
Mir geschenkt - analog - und
unverhofft

FRÜHLINGSGRÜN

Die Natur hat zehntausend Farben,
und wir haben uns in den Kopf
gesetzt,
die Skala auf zwanzig zu reduzieren.
(Hermann Hesse)

Im Mai wachsen die wuchtigen Festungsmauern der Plassenburg hoch über Kulmbach aus einem Pflanzenmeer aus Blüten und variablem Frühlingsgrün. Die Burg galt lange als Vorbild im Festungsbau. Sie ist eines der größten Renaissancebauwerke Deutschlands und Wahrzeichen der Stadt Kulmbach. Grün steht den abweisenden Mauern gut. Denn »Grün« kommt aus dem Althochdeutschen und bedeutet: wachsen, sprießen, gedeihen. Bis heute verbinden wir diese Farbe mit dem Triumph des Frühlings über den Winter, mit neuen Kräften, Erneuerung, Hoffnung und Leben. Und zu keiner Jahreszeit zeigt die Natur eine verschwenderischere Farbpalette an Grüntönen als im Frühling.

Plassenburg bei Kulmbach

Rotmainquelle
bei Creußen

URSPRÜNGE

Ein dünner Wasserstrahl aus hölzernem Rohr unterhalb einiger Felsplatten auf Bodenniveau: So unspektakulär beginnt der Rotmain im Lindenhardter Forst, etwa zehn Kilometer südlich von Bayreuth, seinen etwa 73 Kilometer langen Lauf. Ist die Rotmainquelle damit der Bedeutung des Mains entsprechend gestaltet – oder nicht? Ist es überhaupt noch die Rotmainquelle, da sie doch vor Jahrzehnten um einige Meter einem Forstweg weichen musste? Oder ist es nur noch ein Brunnen?

Lohnt es wirklich, darüber zu streiten? Es ist auf jeden Fall ein klarer Lebensquell, der hier im Quellgebiet des Roten Main entspringt. Das ist Bedeutung genug – und verdient unsere Dankbarkeit und Achtung.

OHNEGLEICHEN

»Sanspareil – Ohnegleichen« war der Landschaftsgarten, den Markgräfin Wilhelmine von Bayreuth 1744 bis1748 zu Füßen von Schloss Zwernitz geschickt in Jurafelsen und Baumhaine der Frankenalb einfügen ließ. Es ging nicht um belebte Natur, sondern um die Reisen des Telemach, Sohn des Odysseus, erzählt von François Fénelon. Seine Stationen fanden sich, ergänzt oder betont durch Staffagen, in dem Felsengarten wieder. Das Ruinentheater im südöstlichen Teil des Felsengartens blieb als einzige dieser Staffagen fast unversehrt erhalten. Es nimmt die Wölbung eines wuchtigen Felsentores auf – und öffnet den Blick zum Himmel und auf die Baumkronen darüber. Seit Jahrhunderten steht auf seinem Spielplan das Stück: Mensch, Natur und Vergänglichkeit.

Grottentheater im Felsengarten von Sanspareil bei Wonsees

Blühende Apfelbaum-Allee bei Mainroth im Maintal

WEGWEISER

Der MainRadweg begleitet den Main etwa 600 Kilometer von den Quellen bis zur Mündung. Er lockt mit relativ wenig Steigung und abwechslungsreichen Landschaften, erst in Franken, dann in Hessen. Startpunkte sind sowohl die Quelle des Weißen Main am Ochsenkopf im Fichtelgebirge als auch die des Roten Main bei Creußen. Am Mainursprung bei Kulmbach vereinen sich die Quellflüsse und Radwegvarianten. Wer im Frühling am Main radelt, kann die Apfelbaum-Allee bei Mainroth also nicht verfehlen. Es ist nicht die einzige Obstbaumallee am Radfernweg. Aber welches Erlebnis, hier anzuhalten, mit allen Sinnen die zartrosa Blütenwolken dieser zauberhaften Wegweiser, ihren Duft und das beruhigende Summen eifriger Bienen in sich aufzunehmen, um dann mit neuem Schwung anderen Wundern entgegenzuradeln.

IMPRESSUM

Der Fotograf und die Autorin:
Martin Siepmann arbeitet seit 1990 als freiberuflicher Fotojournalist für verschiedene Buchverlage und Magazine. In dieser Zeit hat er 85 Bücher und zahlreiche Kalender veröffentlicht, darunter auch mehrere zu Franken und seinen Landschaften. Seine Frau Brigitta Siepmann ist im Nebenberuf Autorin. Die gebürtige Oberbayerin hat fränkische Wurzeln und ist schon früh dem Zauber von Franken und der fränkischen Lebensart verfallen.

Verantwortlich: Johannes Abdullahi
Lektorat: Lucy Hase
Layout: Eva-Maria Klaffenböck
Repro: Cromika
Herstellung: Alexander Knoll
Printed in Slovenia by Flojancic

★★★★★

Sind Sie mit diesem Titel zufrieden? Dann würden wir uns über Ihre Weiterempfehlung freuen. Erzählen Sie es im Freundeskreis, berichten Sie Ihrem Buchhändler, oder bewerten Sie bei Onlinekauf. Und wenn Sie Kritik, Korrekturen, Aktualisierungen haben, freuen wir uns über Ihre Nachricht an J. Berg Verlag, Postfach 40 02 09, D-80702 München oder per E-Mail an lektorat@verlagshaus.de.

Unser komplettes Programm finden Sie unter

www.j-berg-verlag.de

Autorenempfehlung
Sie sind auf der Suche nach weiterführender Literatur? Dann empfehle ich Ihnen den Titel »50 x Franken. Eine spannende Zeitreise durch die Landesgeschichte« von Benedikt Grimmler.
Ihre Brigitta und Martin Siepmann

Bildnachweis: Alle Bilder im Innenteil und auf der Umschlagrückseite stammen von Martin Siepmann.

Umschlagvorderseite: Karpfenteich am Aischgrund
Erste Seite: Altmühlsee bei Muhr am See

Die Deutsche Nationalbibliothek verzeichnet diese Publikation in der Deutschen Nationalbibliografie; detaillierte bibliografische Daten sind im Internet über http://dnb.d-nb.de abrufbar.

ISBN 978-3-86246-593-4